Yvonne Bohrer ‖ Es trägt ein Wort die Hoffnung

AF201054

Yvonne Bohrer

Es trägt ein Wort die Hoffnung

Zeilen der Zeit

Bibliografische Information der Deutschen
Nationalbibliothek:
Die Deutsche Nationalbibliothek verzeichnet diese
Publikation in der Deutschen Nationalbibliografie; detaillierte
bibliografische Daten sind im Internet über http://dnb.dnb.de
abrufbar.

Herstellung und Verlag: BoD – Books on Demand,
Norderstedt

ISBN: 978-3-7494-6901-7

Die Hoffnung hilft uns leben.

(Johann Wolfgang von Goethe)

Inhalt

BeVOR WORTe Leben wurden

Als ich eines Morgens erwachte und aus dem Fenster schaute, sah ich sie. Glückliche Menschen, die ihr Leben in allen Zügen genießen konnten. Sie strahlten von innen und trugen jeden Sonnenstrahl weit über alle Felder und Wiesen. Was konnte bloß diese Menschen so glücklich und zufrieden machen, obwohl doch jeder wusste, dass diese Welt aus grauen Wolken bestand und Pfützen, in denen bereits sehr viele Tränen verloren gingen. Ich hielt es immer für ein Geheimnis des Lebens, welcher ich als unscheinbarer Mensch nie erfahren durfte. Doch an diesem Morgen beschloss ich, genau dieses Geheimnis heraus zu finden.

So ging ich in die Welt hinaus und folgte den Spuren der glücklichen Menschen. Schon nach kurzer Zeit begegnete ich einem großem Baum. Er verlor gerade seine letzten Blätter und schien mit einem Mal kahl und leer. Der Wind drohte mit aller Gewalt diesen Baum zu entwurzeln und ich bekam bereits Angst. Doch so sehr sich dieser Wind auch anstrengte, es gelang ihm nicht. Der Baum blieb stehen. Ich bewunderte diesen Baum, seine Kraft und seinen Willen. Es war mir jedoch unbegreiflich, wieso er sich nicht einfach fallen ließ. Wer weiß, wie oft dieser Wind noch kommen mag. Wer weiß, ob jemals wieder ein Blatt an ihm wachsen würde. Ich ging weiter.

Der Boden wurde härter und ich kam an eine viel befahrene Straße. Tonnenschwere Autos fuhren drohend an mir vorbei. Als ich schon glaubte, mich verlaufen zu haben, sah ich inmitten dieser Straße einen kleinen Löwenzahn, der sich mutig seinen Weg bahnte. Es wunderte mich, wie er überleben konnte, wusste ich doch, dass ihm eine Vielzahl dieser Autos keine Chance ließen. Welch einen Kampf musste dieser Löwenzahn schon überstehen. Jedes weitere Auto könnte seinem Pflanzenleben jederzeit ein Ende setzen und doch blieb der Löwenzahn genau an dieser Stelle stehen und blühte. Ich ging weiter.

Auf einmal setzte sich ein Schmetterling auf meine Hand. Wie naiv er schien. Ich hätte doch gefährlich für ihn sein können. Er kannte mich nicht, ich kannte ihn nicht und doch suchte er genau meine Hand aus, um sich hierauf nieder zu lassen. Wie schwer mochte es dieser Schmetterling haben, in seiner Zerbrechlichkeit und Zartheit. Er lebte stets in der Gefahr, verletzt zu werden und nie wieder fliegen zu können. Dennoch tanzte er mit einer Leichtigkeit durch sein Leben. Als der

Schmetterling seine Flügel spannte und davon flog, machte auch ich mich weiter auf den Weg.

Plötzlich sah ich von weitem ein Haus. Hier werde ich das Geheimnis des Lebens finden! Doch als ich näher kam, bemerkte ich, dass es mein eigenes Haus war. Ich ging die ganze Zeit im Kreis, ohne eine Antwort gefunden zu haben. Ich schaute nochmal zurück. Ich sah den Baum, der trotz des starken Windes nicht umfiel. Den Löwenzahn, der inmitten aller Trockenheit und Härte blühte und einen Schmetterling, der in einer gefahrvollen Umgebung seinen Sanftmut behielt. Da wurde es mir plötzlich klar. Jetzt wusste ich, was alle diese Menschen glücklich werden ließ. Weshalb sie innerlich strahlten, obwohl die Welt an Farbe verlor. Ich fand etwas, dass ich die ganze Zeit über bei mir trug und doch war es mir nie bewusst. Dieser Schatz hatte mich auf meinem Weg die ganze Zeit geführt. Als ich wieder nach vorne schaute, erkannte ich, was das Geheimnis des Lebens war - die Hoffnung!

Nimmer froher Mut so schwindet

- gereimt, nicht geschüttelt

Frieden finden

Wandle durch die Wälder weit,

weiter Berg und Tal.

Triste, kalte Nebelzeit

löset sich einmal.

Fülle Farben immerzu,

freudig neuer Glanz.

Fülle ohne Rast und Ruh

meine Wege ganz.

Nimmer froher Mut so schwindet

gar vollkommen mir.

Leise, sanft, den Frieden findet

meine Seele hier.

Es trägt ein Wort die Hoffnung

Es trägt ein Wort die Hoffnung,

die mancher schnell vermisst.

Es scheint bei Zeiten tragisch,

wenn einer sie vergisst.

Es trägt ein Wort die Hoffnung,

hinaus in weite Welt.

Es ist der Mensch dahinter,

der sie am Leben hält.

Novemberstunden

Wenn auch die Gassen leer gefegt
von Menschlichkeit,
der Mut sich noch voran bewegt
zu dieser Zeit.

Wenn auch ein Wort in Stille schweigt,
verstummt der Ort.
Es lebt in trüber Nebelzeit
die Hoffnung fort.

Haarige Angelegenheit

Hoch oben auf dem Kopfe,
da wuchs ein rotes Haar.
Ich nahm es mir beim Schopfe
und zog das Exemplar.

Sogleich erschien das Zweite,
es wurden immer mehr
und in der Seltenheit
erschien mein Leben schwer.

„Hexe, du!" sprach unbedacht
ein Jeder irgendwann.
Ich war auch nie des Teufels Pracht.
Nur Mensch – von Anfang an!

Regenwetter

Wenn alles grau in grau erscheint,

der Himmel wieder endlos weint.

Wenn trüb erscheint dir deine Sicht,

geh weiter und verzage nicht.

Es folgt, wenn alles fort gezogen,

ein wunderschöner Regenbogen!

Manchmal

Mutig folgt ein Regenbogen

Auf so manche trübe Zeit.

Niemand wird erneut belogen.

Chaos schwindet meilenweit.

Hundert Tränen dürfen heilen.

Manche Träne fließt vor Glück.

Alles Gute darf verweilen.

Leise kehrt die Welt zurück.

Einen Augenblick

(ein Blick aus meinem Fenster)

Seh in Pfützen Tränen liegen,

Tränen dieser Welt.

Sehe Bäume sich verbiegen,

bis der Erste fällt.

Sehe all die Menschen gehen,

einsam und allein.

Sehe leere Häuser stehen,

fallen in sich ein.

Sehe Autos sich beeilen,

Ziele sind so weit.

Sehe keinen Mensch verweilen,

niemand hat mehr Zeit.

Geh ich eben Reime backen

Sieh mein Gedicht,

das reimt sich nicht.

Kein schöner Klang,

der mir gelang.

Ein Satz misslingt,

wenn man mich zwingt.

Ich bleibe stur,

was mach ich nur?

Hier die Idee,

sie kommt, oje.

Ich back den Reim,

es bleibt geheim.

Kein guter Rat,

wie ich es tat.

Kein Leibgericht,

nur ein Gedicht.

Schreibblockade

Eine kleine Schreibblockade
überkam mich ohne Gnade.
Warf hierbei gleich jedes Wort,
ungefragt mit über Bord.

Schließlich fraß sie die Ideen,
ganz zu ihrem Wohlergehen,
alle auf - mit einem Mal,
dass die Reimerei wird Qual.

Doch ich packte sie geschwind,
schickte sie schnell in den Wind,
dass ich wieder reimen will.
Schreibblockade sei jetzt still.

Viel verborgen

Vielerorts ist viel verborgen,
vieles liegt noch tief versteckt.
Vielmehr macht die Welt uns Sorgen,
vielleicht wird es nie entdeckt.

All zu viel steckt noch in Vielen,
viel zu schade wär es schon.
Vielmals sind bei vielen Zielen,
viele dankbar für den Lohn.

Vieles droht uns zu verlieren,
eine Vielzahl merkt es nicht.
Viel zu wenig darf uns zieren,
vielfach scheint es unsre Pflicht.

Vielerorts scheint es verbindlich,
vielleicht bleibt es auch allein.
Vielmehr sind wir unempfindlich,
vieles soll verborgen sein.

Was sieht die Welt so düster aus?

Was sieht die Welt so düster aus,
da schaute ich einst kurz hinaus.
Mein Blick erschrak, er wurde schwer,
ich kenne diese Welt nicht mehr.

Bäume, die sich traurig biegen,
geben auf und bleiben liegen.
Das Laub zerstreut, die Wurzeln frei,
das Leben zieht fortan vorbei.

Kein Vogel rastet, kommt zur Ruh,
wie sehr setzt ihm der Wind doch zu.
Spannt seine Flügel, fliegt hinfort,
so leer und fremd ist nun der Ort.

Was sieht die Welt so düster aus,
da schaue ich noch kurz hinaus.
Nehm meinen Mut, bleib nicht dort stehn.
Jetzt werde ich es ändern gehn!

Es zieht sich eine Straße

Es zieht sich eine Straße fort,
wir schreiten sie voran.
Sie gabelt sich an manchem Ort
und endet irgendwann.

So gehen wir tagaus, tagein
und suchen einen Sinn.
Wie lange mag die Straße sein,
wo führt sie einmal hin?

Der Eine steht, der Andre geht,
der Dritte zieht voraus.
Der Nächste sah genug, er dreht
sich um und geht nach Haus.

Ein Weiterer wird bald befreit,
nachdem ihm viel gelang.
Wir haben nicht die selbe Zeit,
jedoch den selben Gang.

Arme Seelen

Tränen,

die in Pfützen verloren gingen,

sich in Sorgen verfingen,

im Strudel der Zeit.

Viel zu weit.

Ängste,

die den Alltag auffraßen

und völlig vergaßen,

was übrig zu lassen.

Kaum zu fassen.

Menschen,

die niemals verstanden,

wie Menschen empfanden,

die nicht waren wie sie.

Irgendwie.

Fernweh

Einst zog es mich aus

allem heraus,

in die Ferne der Zeit,

jene Wege entlang,

jenen müßigen Gang,

der die Seele befreit.

Frohen Mutes der Reise,

auf diese Weise,

vertraute ich mir,

bat die Welt meiner Sorgen,

ihren Trost nur zu borgen.

Nun warte ich hier.

Verstummt eure Gedanken

Verstummt eure Gedanken,

werft ab das Vorurteil.

Nicht alle Menschen sanken

hernieder im Unheil.

Macht Platz für neue Wege,

lasst ziehen sie voran.

Ein Fundament sich lege,

auf dem sie bauen kann.

Ihr Mut, ihr Sieg, ihr Bleiben

- des Lebens langer Lauf.

Lasst uns gemeinsam schreiben:

Sie steht auf!

Fort ihr Gedanken

Fort ihr Gedanken,
fort in die Ferne.
Ich hatte euch lange,
doch niemals sehr gerne.

Nehmt voll beladen,
nehmt alles mit.
Trennen uns Wege,
haltet nur Schritt.

Fort ihr Gedanken,
fort immerzu.
Lasst mich ab heute
für immer in Ruh!

Ein schöner Tag

Die Welt erwacht
so schön wie nie
in Farbenpracht
und Harmonie.

Ein schöner Klang,
der mich umhüllt.
Ich lausche lang
und glückerfüllt.

Der erste Schritt
an diesem Tag.
Ich gehe mit
wohin ich mag.

Ein gutes Wort
in meinem Ohr,
dann strahlt der Ort
wie nie zuvor.

Ade, liebe Menschen

Schweife die Seele
in völliger Ruh.
Schließe die Augen
für immer nun zu.

Möge die Welt
euch weiter noch drehen.
Wir werden uns alle
bald wieder hier sehen.

„Ade" klingt es leise,
der Atem haucht aus.
„Ade, liebe Menschen,
ich kehre nach Haus!"

Wem soll das Leben Mut beweisen

Wem soll das Leben Mut beweisen,
als der Seele mein?
All jener Tapferkeit Lob preisen?
Nieder mit dem Pein!

Wessen Spur prägt Land und Wege,
Straßen, ewig fort?
Dass sich Ruhe leise lege
über diesen Ort.

Welch Tage ziehen noch ins Land,
der Morgensonne fern,
geführt von Freundes sanfter Hand?
Schau hin, du Leben, lern!

Noch eine Minute

Noch eine Minute,
die Sonne erwacht.
Es kommt uns zugute
nach finsterer Nacht.

Bald folgen die Zeiten
der besseren Welt.
Sie sind schon bei Weitem
dem Glück gleich gestellt.

Dann führen die Schritte
zum Ziele entlang.
Erhört ist die Bitte,
ein neuer Anfang.

Neue Zeiten

Es schien die Welt beladen
mit Sorgen immerzu.
In Selbstmitleid hier baden
die Menschen ohne Ruh.

Nur Einer ging und zog hinaus,
er wanderte geschwind.
Entfloh dem tristen Nebelgraus
und stellte sich dem Wind.

Er ließ die Zeiten weichen,
dass Anfang neu entsteht
und zeigte seinesgleichen,
wie „Leben" weiter geht.

Am Ende

In einem Garten sah ich
gar bunte Blütenpracht.
Ein Sonnenstrahl besann sich,
kam nieder, leise, sacht.

Wurzeln schlug der Baum vor mir,
voll Mut wuchs er empor.
In seiner Anmut stand er hier,
gestärkter als zuvor.

Ein Anblick, den ich halten mag,
die Seele wird befreit.
Am Anfang kam ein neuer Tag,
am Ende heilt die Zeit.

Ganz gewisse Gegensätze

Manchmal bin ich groß
und fühle mich so klein.
Manchmal bin ich ängstlich
und will es gar nicht sein.

Manchmal seh ich Farben
und male doch nur Grau.
Manchmal stell ich Fragen
und weiß es schon genau.

Manchmal trag ich Flügel
und falle tief hinab.
Manchmal nehm ich wenig
und gebe zu viel ab.

Manchmal muss ich stehen,
obwohl ich lieber lauf.
Doch eines weiß ich ganz genau,
ich gebe niemals auf!

Oh, du schöne Weihnachtszeile

- Leise rieselt der Reim

Hört, ein leises Glockenklingen

Hört, ein leises Glockenklingen

hallt durch alle Gassen.

Trubel, Streit und Hast vergingen,

alles ruht verlassen

und ich wandre durch die Wälder,

dicht gefolgt von weißem Glanz.

Prächtig hüllt er Tal und Felder

ein in seinem Flockenkranz.

Schau, ein Licht trägt seine Kreise,

wärmt ein Jeden, weit und breit.

Frieden zieht durch diese leise

wunderbare Weihnachtszeit.

Das Licht einer einzigen Weihnacht

Es weht so kalt der Winterwind,
dass Tannen sich ihm neigen.
Die Menschen, ihnen gleich gesinnt,
versinken tief im Schweigen.

Ach, scheint die Weihnacht fern zu sein,
es fehlt des Nächsten Liebe.
Nun wär die Dunkelheit allein,
die unsereins noch bliebe.

Ihr Menschen, hoffet, seid gewiss,
tragt in die Welt ein Licht.
Es löscht die ganze Finsternis
den Schein der Kerze nicht!

Wünsche dieser Weihnachtszeit

Es gibt so viele Wünsche,
so viele und noch mehr.
Ich kann sie gar nicht zählen,
doch manches wünsch ich sehr.

So vieles ist zu teuer,
es kostet alles Geld.
Zu dieser Zeit, da wünsch ich
mir Frieden für die Welt.

Ich wünsch, dass keiner hungrig,
durch unsre Straßen geht.
Es sind die Teller volle
nicht Allen, wie ihr seht.

Ich wünsche allen Menschen,
ich wünsche jedem Kind,
ich wünsche mir zur Weihnacht,
dass alle glücklich sind.

Welt am Wintermorgen

Kerzenglanz in kalten Tagen,

wärmt ein Jeden diese Zeit.

Lasst uns diese Lichter tragen,

in die Welt hinaus so weit.

Es bedeckt der Schnee die Sorgen,

deckt die Lasten leise zu,

dass die Welt am Wintermorgen,

still erwacht in aller Ruh.

Tönt der Glocken sanfter Klänge,

dann ist Weihnachten nicht weit.

So genießt die Menschenmenge

diese schöne Weihnachtszeit.

Weihnachtszeit

Freuet euch auf dieser Erde,
Lichter strahlen voller Pracht,
dass es schon bald Frieden werde
in der kalten Weihnachtsnacht.

Schnee, auf seiner sanften Reise,
liegt im winterlichen Schein
und die Liebe kehret leise
in des Menschen Herzen ein.

Still erwacht an diesen Tagen
eine Macht der Menschlichkeit
und gar mancher mag nun sagen:
„Oh, du schöne Weihnachtszeit."

Alle Jahre wieder (4 Engel des Advents)

Es fliegen vier Engel ganz leise,
sie folgen den Klängen der Welt.
Es kommt nun die Zeit ihrer Reise,
die unsere Erde erhellt.
Die Erste schenkt Hoffnung bei Nacht,
dass unsere Ängste vergehn.
Wie schützt sie die Träume so sacht,
dass Viele von ihnen bestehn?
Der Zweite bringt Wärme und Licht,
kein Tag sollte trostlos mehr sein.
„ Seid mutig und fürchtet euch nicht,
ist noch euer Lichtblick so klein."
Die Dritte verbreitet die Liebe,
die manch einer gerne vergisst.
Ach, wenn sie doch länger noch bliebe,
so oft wird die Liebe vermisst.
Der Vierte trägt unseren Frieden,
der jegliches Leben beschützt.
Wie oft wurde so schon vermieden,
dass kein Mensch den Anderen stützt?

Wenn Weihnachten wahr wird

Wenn Menschen einander zuhören

und zur Ruhe finden.

Wenn sie ihre Zeit teilen,

sodass niemand alleine bleibt.

Wenn sie beschließen

Brücken zu bauen,

zwischen Hoffen und Sehen.

Wenn Menschen sich einander anschauen,

mit dem Herzen, in all seiner Fülle.

Wenn Geborgenheit wichtiger wird

als die Hektik, als das Geld

und der Frieden einen Platz

auf dieser Welt gefunden hat,

dann, ja dann, ist Weihnachten!

Frohe Weihnachten

Alle Jahre wieder feiern wir ein Fest, bei dem die Nächstenliebe, die Hoffnung und letztendlich die Menschlichkeit im Mittelpunkt stehen. Wie schwer mag es nach allen Vorkommnissen im Jahr erscheinen, an diesen Werten fest zu halten und an sie zu glauben. Nach all dieser Ungerechtigkeit, Verachtung und Hass, die durch diese Welt zogen, scheinen wir mit unseren guten Taten und Gedanken machtlos zu sein. Doch eines steht fest- sie werden nie sinnlos bleiben. Unsere guten Gedanken und Taten (nicht nur zur Weihnachtszeit) sind wie eine Kerze. In einem vollkommen dunklem Raum schafft es selbst die allerkleinste Kerze, die große Macht der Dunkelheit zu besiegen und diesen Raum heller erscheinen zu lassen. Doch die gesamte Dunkelheit wird es nie schaffen, diese allerkleinste Kerze zum Erlöschen zu bringen!

Meine Flügel zu weiten

- Zeilen, die mein Leben schrieb

Das Leben

„Das Leben ist schön"

sprach die Sonne

und erhob sich in ihrer Anmut,

um die Menschen zu wärmen.

Zog den Himmel entlang

über Felder und Wiesen

und machte sich auf,

ihre Liebe zu teilen

und scheint sie auch manchmal

hinter Wolken verborgen,

fast unerreichbar,

in der Ferne verhüllt,

so ist sie trotz allem,

hinter allem noch da.

„Das Leben ist schön"

sprach die Sonne

und wärmte in ihrer Hoffnung

weit über alle Sorgen hinaus.

Frei wie ein Vogel

Frei wie ein Vogel
wünsche ich mir zu fliegen.
Fern über alle Sorgen,
alle Sorgen hinweg.
Meine Flügel zu weiten,
über tränendes Land,
mich von Lasten befreien,
die meinen Weitblick vernebeln
und mutig zu landen,
auf neuem Boden,
der meine Hoffnung nährt
und meine Sehnsucht stillt.

Am Anfang des Tages

Am Anfang des Tages wacht das Leben neu auf.
Der Starke, er wandert hinaus in die Welt,
doch fehle ihm Mut, wäre Hoffnung ihm fern,
er käme nicht weit.

So trägt er beladen die Wärme voran
und trifft er bei Zeiten einen Menschen voll Wut,
von Missgunst gefangen,
so teilt er die Wärme, die Hoffnung, den Mut.
Was einem schon helfe, reicht für zwei lange aus.

So gingen sie beide des Weges entlang
und trafen und halfen den Menschen voran.

Am Ende des Tages legt die Welt sich zur Ruh,
der Starke schaut freudig dem Morgen entgegen
und mit ihm die Menschen, so soll es sein.
Am Ende des Tage schläft die Welt friedlich ein.

Augenblicke

Es gibt Augenblicke, in denen der Zweifel
größer als die Zuversicht scheint.
In denen Träume unantastbar werden
und Tränen das einzige Ausdrucksmittel sind.

Augenblicke, in denen sich die Welt
weder vorwärts, noch rückwärts,
sondern immer nur im Kreis dreht.
Doch auf jeden dieser Augenblicke
folgt ein Weiterer,
in dem unser Mut alle Zweifel besiegt.

Augenblicke, in denen wir nicht nur aufstehen,
sondern auch weiter gehen können.
Augenblicke voller Wärme und Vertrauen,
die uns wachsen lassen.

Es sind Augenblicke, für die es sich am Ende
immer zu leben lohnt!

Lebensgeschichten

Hinter jedem Menschen steckt eine Geschichte,
die ihn besonders werden lässt. Eine Geschichte,
die ihn zu dem macht, der er heute ist. Doch oft
machen wir uns nicht die Mühe, diese Geschichte
zu Ende zu hören.
Es ist nicht wichtig, wer ein Mensch war, als er zu
Boden fiel, sondern zu welchem Menschen er
wurde, als er wieder aufstand. Doch oft lassen wir
uns von Maßstäben und Richtlinien verleiten,
genau diese Menschen in Schubladen weg zu
sperren. Schubladen, in die sie nicht hinein
gehören und oft auch nie wieder heraus finden.
Wir zweifeln so lange an den Menschen, bis sie an
sich selber zweifeln.
Vielleicht verschließen wir gerade den Menschen
die offene Tür, die sie so dringend bräuchten.

Jede Geschichte ist es wert, zu Ende erzählt zu
werden!

Das Leuchten in den Augen

Du liebes Menschenkind,

all zu oft werde ich gefragt, wieso ich Erzieherin wurde. Es ist schwer, die Großen von einer Liebe zum Beruf zu überzeugen, die ihnen selber fremd ist. Ist es mein Leuchten in den Augen, wenn ich dir begegne? Ist es dein Leuchten, wenn du mir begegnest? Oder ist es vielmehr unser Leuchten?

Mit jedem deiner Schritte zeigst du mir eine Welt, die noch nicht an Faszination verloren hat.

Jede deiner Fragen spiegelt wider, was noch unentdeckt liegt.

In jedem deiner Momente liegt ein Abenteuer versteckt, dass es gilt, gemeinsam zu erobern.

Dein Lachen ist der Regenbogen in meinem Alltag!

Du führst keine Kriege an, keine Intrigen, denn in deiner Welt ist kein Platz für Macht oder Hass. Sie ist bereits voller Fantasie und Wunder.

Liebes Menschenkind, nicht nur ich zeige dir diese Welt, sondern du auch mir!

Die Erde dreht sich

Es gibt Momente, in denen man alles vergisst
und Momente, die man gerne vergessen möchte.

Es gibt Hände, die uns halten
und Hände, die uns fallen lassen.

Es gibt Träume, an die wir glauben
und Albträume, die unglaublich sind.

Es gibt Tage, die nie enden sollen
und Tage, die nie enden wollen.

Es gibt Menschen, bei denen wir uns zuhause
fühlen und Menschen, trotz denen wir einsam
bleiben.

Es gibt Gefühle, die wir im Herzen tragen
und Gefühle, die wir nicht ertragen.

Nicht immer können wir entscheiden, auf welcher
Seite des Lebens wir gerade leben, doch eines ist
sicher: auch die Erde dreht sich!

Alle Zeit der Welt

Mit der Zeit lernen wir, dass jeder einzelne Regentropfen auch einen Sonnenstrahl wider spiegelt, welcher den Regenbogen in allen Farben erstrahlen lässt.

Wir lernen, unserer Seele die Flügel zu geben, mit denen sie unsere Träume schützend von Ort zu Ort bringt.

Wir lernen, einem Land, in dem wir helfende Hände suchen und Fäuste finden, seine Mächte zu entziehen und mutig neue Länder zu entdecken.

Wir lernen, unsere Häuser im Heute zu bauen, obwohl das Fundament der Vergangenheit und die Steine der Zukunft unsicher scheinen.

Wir lernen, mit jedem Schritt dem Boden zu vertrauen, der uns hält und uns an die Ziele aller Wege führt.

Mit der Zeit lernen wir, dass wir jeder Zeit ihre Zeit geben müssen.

Pause machen

Pause machen, in einer Welt voller unterschiedlicher Erwartungen, Gedanken, Meinungen, Haltungen und Bedürfnissen.

Die Augen schließen, um der Natur in ihrer einmaligen Melodie zu lauschen.

Die Augen wieder öffnen, um zu sehen, was in der Schnelllebigkeit schnell einmal übersehen wird.

Momente finden, um miteinander, statt nebeneinander Worte aus zu tauschen.

Worte schenken, die im Trubel nie gesagt werden, obwohl sie selbst im größten Durcheinander einen Weg finden würden, um Ohren zu berühren und Herzen zu wärmen.

Den Moment zu Ende genießen, bevor der Alltag ihn mit in die Vergangenheit nimmt.

Pause machen in einer Welt ohne Pausen.

Leben im Schnelldurchgang

Ich wurde in eine Welt hinein geboren,

die ich mir nicht aussuchen durfte.

Wurde in Schubladen gesteckt,

in die ich nicht hinein gehörte.

Bekam eine Vergangenheit,

in der ich nie sein wollte.

Ich verlor Perspektiven,

die ich gebraucht hätte,

in einer Zukunft,

die gar nicht für mich gebaut wurde.

Doch nun stehe ich hier,

allem Schicksal zum Trotz,

weil ich lernte, mein Leben zu lieben!

Jeder erntet, was er sät

Wenn du gemeinsam mit den Menschen ein Haus bauen willst, so sagen ihnen nicht, was sie verkehrt machen.- Sonst werden sie genau das tun! Wenn du ein Haus bauen willst, so lehre die Menschen die Einmaligkeit dieses Hauses. Sage dem Maurer, dass seine Steine die Wichtigsten sind. Zeige dem Tischler, dass du nur auf seinen Möbel sitzen möchtest. Glaube an den Maler, dass seine Wände die Schönsten werden. Erkläre dem Elektriker, wie erleuchtend er für alle ist. Danke dem Glaser, der euch sehen lässt. So werdet ihr gemeinsam euer Haus bauen, denn jeder erntet, was er sät!

Diese Geschichte las ein Bauherr, der seinem Maurer sagte, die Steine wären selbstverständlich. Der dem Tischler zeigte, dass die Möbel des Nachbarn besser seien. Der den Maler glauben ließ, er würde die Wände verunstalten. Der dem Elektriker erklärte, es wäre nicht hell genug. Der dem Glaser dankte, indem er die Fenster mit Vorwürfen beschmierte. Schade, dass sein Haus zusammen fiel. Bedenkt, mit welchen Worten und Taten ihr ein Haus bauen wollt!

So manches Mal

Manchmal reichen wir Anderen unsere Hand,
um sie hoch zu ziehen. Bieten ihnen eine Schulter,
an der sie sich anlehnen können und öffnen
Arme, in denen sie zur Ruhe kommen.

Manchmal trocknen wir Tränen aus traurigen
Augen. Hören Worte aus einem flehenden Mund
und finden Antworten für ratsuchende Ohren.

Manchmal stellen wir uns nach vorne, um zu
beschützen. An die Seite, um Andere zu stützen
und nach hinten zurück, um Andere gewinnen zu
lassen.

Manchmal verbergen wir unsere Tränen, um
Andere lachen zu sehen. Ertragen unseren
Kummer, um glücklich zu machen und
verschweigen unsere Last, um Anderen tragen zu
helfen.

Manchmal schenken wir Wärme, die wir nie
besaßen. Geben Zuwendung, die wir selber gerne
hätten und verbreiten Hoffnung, die uns selber oft
fehlt.

Manchmal wünschen wir uns Menschen,
die all das auch für uns tun würden.

Ein Boxkampf

Manches im Leben gleicht einem Boxkampf.

Du kämpfst 7 oder 8 Runden.

Machst Erfahrungen,

steckst ein, teilst vielleicht aus,

sinkst in die Knie, stehst wieder auf.

Doch dann kommt die 9. Runde

und auch wenn diese Runde

nur dem Flügelschlag eines Schmetterlings gleicht,

ist es die Summe dieser vorherigen Runden,

die dich zu Boden wirft.

Während der Ringrichter dich auszählt

und dein Gegner darauf wartet,

dass du liegen bleibst,

musst du wieder aufstehen!

Aufstehen, den Ringplatz verlassen

und so deinem Gegner

die Macht zu nehmen,

jemals wieder gegen dich

gewinnen zu können!

Es liegt an uns

Jede lange Reise beginnt mit einem Schritt,
jedes Naturwunder mit einem Augenschlag.
Jeder tröstende Satz beginnt mit einem Wort,
jede Melodie mit einem Ton.
Jedes Leben beginnt mit einem Herzschlag.

Jede lange Reise endet mit einem Schritt,
jedes Naturwunder mit einem Augenschlag.
Jeder tröstende Satz endet mit einem Wort,
jede Melodie mit einem Ton.
Jedes Leben endet mit einem Herzschlag.

Es liegt an uns, was wir dazwischen daraus
machen.

Ein neuer Tag

Auch in den dunkelsten Zeiten gibt es Hoffnung,
doch manchmal entzieht sich unsere Kraft.
Manchmal füllt Angst unseren Blick
und die eigene Welt scheint verloren.

Doch gerade in schweren Zeiten erstrahlt ein
Licht, dass es gilt fest zu halten,
sodass auch der kleinste Hauch von Mut
an Bedeutung gewinnt.

So entsteht ein neuer Tag.

Wenn Menschen siegen

Jedes aufbauende Wort,

jede haltende Hand,

jedes zugewandte Ohr,

jede wärmende Umarmung,

jede genommene Zeit,

jedes verbindende Lachen,

jedes verständnisvolle Herz

zwischen den Menschen ist ein Sieg

über Angst, Misstrauen und Schmerz!

Das Wichtigste im Leben

Was ist eigentlich wichtiger im Leben?

Helfen oder geholfen bekommen?

Lieben oder geliebt sein?

Mögen oder gemocht werden?

Kämpfen oder ausruhen?

Zuhören oder reden?

Selbstliebe oder Nächstenliebe?

Verstehen oder verstanden werden?

Geben oder nehmen?

Mit welchem Fuß gehen wir denn?

Mit dem Rechten oder dem Linken?

Steine auf dem Weg

(Ein sehr realer Gesprächsauszug)

Eines Tages fiel ein Mensch über einige Steine und
brach sich das Bein. Wenig später kamen
Menschen und fragten:

„Warum gehst du nicht schneller?"

"Mein Bein ist gebrochen."

*„ Ja, aber du musst doch nur den linken Fuß nach
vorne bewegen, dann den Rechten, dann den Linken..."*

"Ich weiß, wie ich gehen muss, aber mein Bein ist
gebrochen. Das tut weh!"

„Denke einfach nicht an den Schmerz."

„Das geht nicht. Mit jedem Schritt, den ich gehe,
spüre ich den Schmerz."

*„Doch das geht, stell dir einfach vor, dein Bein wäre
nicht gebrochen."*

„ Aber es IST gebrochen und ich brauche
Krücken!"

*„Wofür brauchst du Krücken. Du weißt doch, wie du
gehen musst."*

„Ja! Aber mein Bein ist gebrochen, versteht das
denn keiner?"

Die Hoffnung

Eines Tages kommt der Zeitpunkt in deinem
Leben, an dem du zurück schaust.
Zurück deines Weges,
voller Kurven, Steine und verlorenen Tränen.
War dieser Weg schon immer so?
Lagen diese Steine schon von Anfang an da
oder wurden sie erst mit der Zeit dort hin gelegt?
Habe ich je meine verlorenen Tränen gezählt
und welche Kurven,
welcher Umweg ließen mich stärker werden
und welche schwächer?

Ehe du die Antwort auf all diese Fragen finden
kannst, schaust du nach vorne.
Auf einen neuen Weg.
Ohne Steine, ohne Kurven, ohne Tränen.
Doch ein neuer Weg
wird dir nicht nur Glück und Erlösung,
sondern auch Angst bringen.
Neue Steine werden liegen bleiben,
- du weißt nicht wann und wo.

Neue Kurven werden auftauchen,
länger als die Alten.
Neue Tränen gehen in Pfützen verloren,
die deine Seele widerspiegeln,
sobald du hinein schaust.
Du wirst diesen Weg gehen,
mit all diesen Steinen, Kurven und Tränen,
denn du gibst nicht auf!

Die Hoffnung gibt dir ihre Hand.
Sie geht mit dir den Weg entlang
und hinterlässt vor dir Fußspuren,
in die du voller Zuversicht treten darfst.
Vieles auf dieser Welt kann dir genommen
werden,
nur die Hoffnung, die geht erst,
wenn du ihre Hand los lässt!

NACH WORTen suchen

und Leben finden

Lange überlegte ich, wie ich dieses Buch beenden möchte. Mit einem Gedicht? Einer Geschichte? Doch ich entschied mich, mit sehr persönlichen Worten ab zu schließen und dieses Wort richtet sich an euch! Das Leben läuft nicht immer so, wie wir es geplant haben oder wie wir es für uns wünschen. Manchmal liegen keine Steine, sondern Berge vor uns. Manchmal haben wir nicht nur Pfützen, sondern ganze Ozeane an Tränen vergossen und manchmal scheint die eigene, kleine Welt verloren. Wer jetzt ein „Doch alles wird wieder super" erwartet, den muss ich leider enttäuschen. Wunden heilen, Narben bleiben und diese Narben werden hin und wieder ziemlich weh tun. Genau das dürfen sie, denn das ist kein Zeichen von Schwäche! Es ist ein Zeichen von Stärke, die Zeiten dazwischen mit Leben zu füllen.

Allen Menschen, die sich nun vielleicht wieder entdecken, mag gesagt sein: „IHR SEID NICHT ALLEIN!"- Dort draußen gibt es Menschen, die euch verstehen! Die euch schätzen, die dankbar dafür sind, euch zu kennen! Die euch brauchen, genauso wie ihr seid! Lasst euch nicht verbiegen, sondern geht erhobenen Hauptes gerade aus und zeigt allen Menschen, die nicht an euch glauben, dass ihre Grenzen nicht eure Grenzen sind! „IHR

SEID TOLL, GENAUSO WIE IHR SEID!" Ich weiß, wie schwer es tatsächlich ist, sich diesen einen kleinen Satz zu verinnerlichen. Er hört sich unwirklich und fremd an. Er passt nicht zu einer Welt, in der immer alles höher, schneller, weiter und besser sein soll. Doch stellt euch vor: Ihr seid genau richtig, wunderbar und bezaubernd, genauso wie ihr seid und wisst es vielleicht einfach nur noch nicht!

Wisst ihr, viele Menschen würden ihren Lebensweg sicherlich auch alleine schaffen, zeigt ihnen, dass sie ihn nicht alleine schaffen müssen! Glaubt an sie, wenn sie es selber nicht mehr tun! Seid da, wenn sie sich gerade verloren haben! Hört zu, wenn sie selber keine Worte finden! Freut euch für sie und für euch, wenn sie aufstehen, während alle Anderen dachten, sie würden liegen bleiben! Lasst euch von ihrem Lebensmut berühren! Ihr glaubt gar nicht, welche großen Lichtblicke ihr mit jedem Wort der Zuwendung, mit jeder haltenden Hand, mit jedem noch so kleinem aufmunterndem Blick in ihre kleine Welt zaubern könnt. „Wir können nicht die ganze Welt verändern, aber einem Menschen die Hoffnung geben, dass sich seine Welt verändert!" heißt es so schön und genau so ist es. Wenn du in einer stürmischen Nacht den Halt suchst, den du verloren hast, ist es nicht der Gegenwind, der dich stark werden lässt, sondern der kleine Funke Licht am Ende der Nacht, der dir Mut macht, weiter zu gehen!

In den voran gegangenen Gedichten und Geschichten konntet ihr meine Gedanken, Wünsche, Ängste und auch Pläne auf meinem Lebensweg lesen. Ich wäre auf diesem Weg niemals so weit gekommen, wenn ich nicht Menschen kennen lernen durfte, die mir Mut machten, weiter zu gehen, als der Berg zu steil wurde. Die mit mir gemeinsam ein Boot bauten, als der Ozean zu tief wurde und mir den Weg zeigten, als ich den Stadtplan falsch herum hielt. Ich danke euch von ganzem Herzen, dass ihr mir eine Chance gebt und mich nicht fallen lasst, wenn ich sie nicht immer nutze. Ich trage einen ziemlichen Dickkopf mit mir herum, der mir hin und wieder den Blick auf eine offene Türe versperrt, wenn ich mal wieder mit dem Kopf durch die Wand will. Ihr berührt und inspiriert mich! Ihr tut das, was euer Beruf, euer Alltag oder eure Werte vorgeben und doch ist es niemals selbstverständlich für mich. Ihr macht diese Welt hierdurch erst zu einem besseren Ort. Sei es durch euer Lachen, euer offenes Ohr oder eure genommene Zeit. Es sind nicht immer die großen Dinge, mit denen wir Wunder vollbringen können. Manchmal reicht auch ein Wort, dass Hoffnung trägt.

Yvonne Bohrer, August 2019

Zur Autorin:

Yvonne Bohrer, geboren 1988 in Trier und Erzieherin. Mit ihren Zeilen möchte sie die Leser/innen ermutigen, nachdenklich stimmen und berühren.

An zu treffen ist sie überwiegend in ihren Leinen-Schnürschuhen, hinter einer großen Tasse Kaffee oder unter:

www.zeilenderzeit.jimdo.com